AF325089

ALMANACH

DU

DIABLE,

Contenant des Predictions
très-curieuses & absolument
infaillibles ;
Pour l'Année

MDCCXXXXVII.

AUX ENFERS,

Avec Approbation & Privilege.

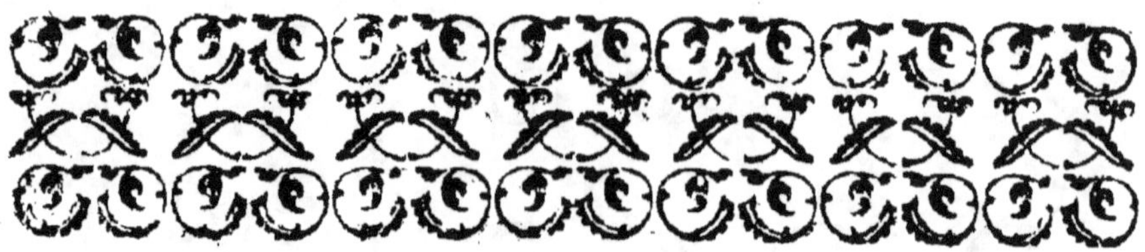

PREFACE.

EN mettant mon nom à la tête de ce petit Ouvrage, mon intention, ami Lecteur, n'a pas été de vous en donner de l'éloignement, mais de piquer au contraire votre curiosité, & de satisfaire en même tems la mienne. Je vous ai cent fois ouï dire en rôdant par le monde, qu'il n'y avoit rien de plus malin ni de plus spirituel que moi : expression qui vous est devenue si familiere, qu'elle est même passée en proverbe. C'est donc pour tâcher de justifier la grande idée que vous avez de moi, que je me suis mis à composer le petit *Almanach*, que j'ai l'honneur de vous présenter.

Si les difficultés qui se rencontrent dans l'exécution d'un Ouvrage, doivent le rendre précieux au Public, j'ose assurer qu'il n'en a peut-être jamais paru de plus digne de votre approbation ; attendu les peines qu'il m'a coûté. Ce n'est pas que dans le plan que je m'étois proposé, la matiere me manquât ; elle croissoit au contraire sous mes pas : mais c'est cette même abondance qui m'a donné
né

né tant de peines. Un Auteur pour l'ordinaire est beaucoup plus embarrassé de faire un juste discernement de ses matériaux, lorsqu'ils s'offrent en abondance & péle mêle à son esprit, que quand il n'a précisément que ceux qu'il lui faut : c'est le cas où je me suis trouvé ; c s d'autant plus embarassant que je craignois d'ailleurs les reproches de plusieurs personnes qui pouvoient trouver mauvais que je les eusse omis dans cet Ouvrage. Quoique j'aye tâché d'éviter cet inconvenient, je n'ose pas cependant me flatter d'y avoir entièrement réussi ; c'est pourquoi je les prie d'avance de vouloir bien me le pardonner : les Diables, non plus que les Auteurs, ne peuvent pas penser à tout.

Une seconde difficulté qui ne m'a pas moins donné de peine à surmonter, est l'Edition de cet Ouvrage. C'est peu d'être Auteur ; on ne l'est qu'à demi quand on ne peut pas parvenir à se faire imprimer : demandez-le à tant de sots & ennuyeux Ecrivains, qui aiment mieux endormir leurs Lecteurs, & même s'en faire siffler, que de demeurer dans la sphere des autres hommes. J'ai eu comme eux la manie de me faire imprimer, & c'étoit le Diable : encore si les Jansenistes avoient voulu me recevoir dans leurs Imprimeries clandestines, ils m'auroient épargné bien des pas : mais outre que nous sommes brouillés ensemble, à cause d'une certaine œuvre dont j'ai voulu me mêler, & qui les a un peu décriés dans le monde, vous n'ignorez pas que

cetcertain Magiſtrat les a toutes dénichées. Il en faut pourtant excepter celle de l'Auteur des Nouvelles Eccleſiaſtiques, à laquelle j'aurois pû avoit recours : mais où Diable la trouver ? Ce Magiſtrat en queſtion y a perdu ſon latin ; & toutes ſes recherches (ſi l'on en croit la chronique ſcandaleuſe) n'ont abouti qu'à une groſſe contribution qu'on dit qu'il en retire. Or comme un Diable Auteur n'eſt pas plus fourni d'argent qu'un Auteur ordinaire, il m'a fallu encore renoncer à cette voye.

J'avouerai, au reſte, que je n'en ai pas été fâché. Les pauvres Diables ſont déjà aſſez tourmentés pour des fadaiſes, ſans leur mettre encore celle-ci ſur le corps ; ce que l'Auteur du Supplément aux Nouvelles n'auroit pas manqué de faire. Quoiqu'on diſe que les Diables ne valent rien, je veux qu'on me rende juſtice en cette occaſion où je n'ai pas voulu faire ce que cet Auteur cornu a lui-même fait en plus d'une rencontre.

Par là, mon cher Lecteur, vous vous trouviez fruſtré de vos Etrennes, ſi le déſir de vous témoigner ma reconnoiſſance ne m'en avoit fait imaginer les moyens. Comme j'avois ouï dire de certains Ouvrages qui n'avoient pas le bonheur de plaire aux Lecteurs qui y étoient intereſſés, que ces Livres ne pouvoient être ſortis que de l'Enfer, j'ai conclu qu'il falloit que le Seigneur Lucifer eût quelque Imprimerie pour les Livres qu'on ne veut point expoſer aux Cenſeurs ordinaires.

Plein

Plein de cette idée, je suis retourné au Pays, où j'ai obtenu, non-seulement un *Permis d'imprimer & de colporter*, mais même une Aprobation autentique, signée de tout ce que nous avons de plus fameux dans la Diablerie. C'est ce que vous verrez vous-même à la tête de cet Ouvrage que je vous présente par un de mes Colporteurs ordinaires.

Je souhaite qu'il vous divertisse autant qu'il a fait rire les Trépassés de votre connoissance. Ils vous attendent avec impatience, & vous chauffent en attendant la place; il ne tiendra qu'à vous de les suivre. Vous sçavez que plus on est de foux, plus on rit. Si vous aimez la compagnie, elle est chez nous des plus nombreuses & des plus distinguées: car nous ne sçavons nous autres Diables, ce que c'est que de nous encanailler. Pour peu qu'elle soit de votre goût & que vous vouliez voir leurs portraits, nous vous les présentons dans ce petit Ouvrage, où peut-être vous reconnoîtrez-vous; mais n'allez pas ressembler à ces sots dont toutes les plaintes & les emportemens n'aboutissent qu'à les démasquer encore davantage. Quand on aime à rire des autres, il faut souffrir à son tour qu'ils rient de nous. La moité du monde, comme vous le sçavez, se mocque de l'autre, & le sage rit de tout. C'est le parti que je vous conseille en ami de prendre, tout autre procedé étant d'ailleurs fort inutile contre un Auteur tel que moi.

APRO-

APROBATION.

NOUS souffignés Docteurs en Diablérie, certifions avoir lû un Manufcrit qui a pour titre : *Almanach*, &c. Comme les hommes ont été de tout tems fort curieux de pénétrer dans l'avenir, on ne fçauroit les flatter plus agréablement qu'en leur préfentant des Ouvrages qui leur en dévoilent l'obfcurité. C'eft cette paffion qui nous a mis autrefois fi bien avec eux, & qui les faifoit venir en foule confulter nos Sybilles, nos Magiciens, nos Trépieds, nos Chênes, nos Augures, &c. Nous avons même eû la confolation dans ces derniers tems, de les voir courir en foule après une troupe de canailles, que nous avions répanduë aux quatre coins de la premiere Ville du Monde, & à qui nous faifions faire mille extravagances, & débiter mille coq-à-l'ânes, pour tâcher de rétablir notre ancien crédit: mais la Magiftrature ayant diffipé cette troupe dans le tems qu'elle commençoit à s'acréditer, un de nos Confreres a voulu nous en dédomager en préfentant au Public un Ouvrage à couvert de toute cenfure, attendu qu'il ne contenoit que des faits dont le tems dévoilera la vérité,

s'il

s'il ne l'a pas déja fait. C'est ce que nous avons reconnu dans le présent Manuscrit que nous avons examiné, & dans lequel nous n'avons rien trouvé que de très-récreatif même pour les Lecteurs qui pouroient s'y croire interessés: En foi de quoi nous lui avons donné la présente Aprobation. FAIT en la Chambre du Conseil Infernal, l'an de notre Damnation cinq mille sept cens trente-six, le 21 de Décembre.

Signé,

DEMOGORGON,
BELZEBUT,
SATAN,
BELIAL,
ASTAROTH,
LEVIATAN,
GOG,
MAGOG,
FERGALUS.

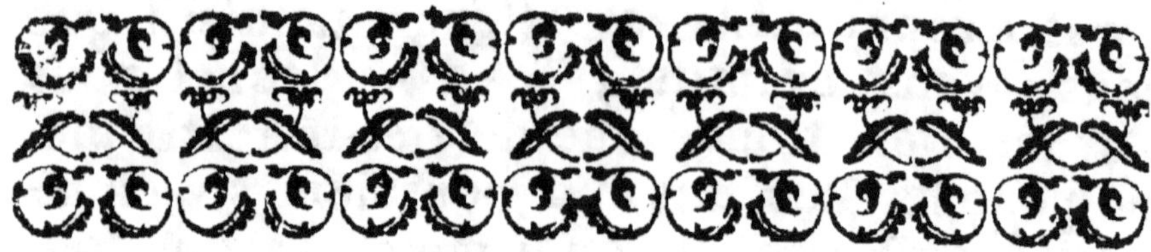

PRIVILEGE.

LUCIFER, PAR LA COLERE DE DIEU, SOU-VERAIN DES ENFERS: A tous ceux qui ces Préfentes verront, grand appetit & Gouf-fet bien garni. Notre très-cher & très-amé Coufin, le Seigneur ASMODE'E, Infpecteur Général de nos Chaudieres, & Controlleur ordinaire de notre bois, charbon, fouffre & autres matieres combuftibles fervant à l'entre-tennement d'icelles: Nous ayant remontré que pendant le long féjour que la féchereffe l'avoit contraint de faire à Paris, pour attendre l'arri-vée des trains de bois, & des batteaux de Char-bon qui ne pouvoient, pour cette raifon, par-venir jufqu'à cette grande Ville, il avoit fait plufieurs Obfervations Aftronomiques en for-me d'Almanach, dont il défiroit faire part à nos Sujets, s'il nous plaifoit lui accorder pour cela lesPrivileges néceffaires.Nons nous fommes fait préfenter & lire en préfence de nos Doc-teurs, ledit Ouvrage, où nous n'avons rien trouvé de contraire aux bonnes mœurs, au repos, ni à la Religion de cet Empire, ains au contraire quantité de joyeux propos, de
Por-

Portraits naïfs, d'avantures galantes & singulieres, qui nous promettent dans quelques années une Colonie abondante de nouveaux Sujets. A CES CAUSES, désirant favoriser ledit Seigneur Asmodée, & lui voulant aider à se rembourser des dépenses extraordinaires qu'il a été obligé de faire depuis deux ou trois ans en bois & en charbon, attendu le grand nombre de Sujets dont les Guerres d'Italie, d'Allemagne & de Pologne, ont repeuplé nos Etats; ce qui l'a par conséquent obligé d'augmenter le nombre de nos Chaudieres; Nous avons permis & permettons par les Présentes audit Seigneur, de faire imprimer ledit Almanach en telle forme & caractere qu'il voudra, de le faire débiter & colporter dans toute l'étenduë de notre Empire & ailleurs s'il le juge à propos, à condition néanmoins que préalablement il en sera mis deux exemplaires dans notre Bibliotheque publique, pour la commodité des pauvres Diables qui n'auront pas le moyen de l'acheter, & un troisiéme dans le Cabinet de Toillette de notre très-acariâtre Epouse Doña Proserpina, qui a déja pris en affection quantité de Dames dont elle a vû le portrait dans cet Ouvrage. Deffendons expressement à tous Officiers, Commissaires, Exempts, Archers, Mouches, Espions, & autres Diables de cette nature, de quelque qualité ou condition qu'ils soient de troubler ledit Seigneur, dans la distribution qu'il fera faire dudit Almanach pendant toute la saison des Etrennes, le tout à peine de qua-
tre-

tre vingts dix-neuf coups d'étrivieres, dont la moitié fera pour le dénonciateur & le refte pour notre premier Jufticier. SI MANDONS à tous nos Diables, Diablotins & autres Officiers de notre Juftice, de faire pour l'execution des Préfentes tous Actes à ce neceffaires, fans demander autre permiffion, nonobftant clameurs de Catins, Chartres Gauloifes & Lettres à ce contraires. DONNE' au Royaume des Taupes, l'an de notre Regne le cinq mille fept cens trente-fixiéme, le 21 de Décembre; & fcellé de notre grand Sceau de cire bouillante.

Signé, GRIFFART.

Regiftré fur les Regiftres de la Librairie Infernale, No. 000000000 *folio blanc, le même jour que deffus*

CORNARD, Syndic,

ETAT DU CIEL.

& de la Terre.

Depuis la premiere fotife du genre humain, qui, graçe à nous, s'eſt perpétuée juſqu'à la préſenté année, on compte cinq mille ſept cent trente-ſept ans. Le Ciel pendant tout ce tems n'a point changé de place ni de forme ; mais on n'en peut pas dire autant des hommes, qui ont plus fait d'extravagances qu'il n'y eut jamais d'étoiles au Firmament. Il paroît par nos obſervations Aſtronomiques, qu'ils ne ſeront pas plus ſages cette année.

Les differentes variations que nous avons prévûes dans la Lune, nous annoncent qu'il y aura beaucoup de Lunatiques, ſur tout chez le ſexe feminin. Venus qui ſe trouve ſouvent en conjonction avec Mars, nous pronoſtique qu'il y aura bien des femmes qui renouëront cet Hyver avec les Officiers, des intrigues galantes interrompuës par les derniers Campagnes. Saturne éclipſé par Jupiter nous annonce de grandes révolutions dans certaines Cours.

Comme Mercure ſera cette année dans le plus haut point de ſon Apogée, c'eſt une marque
que

que qu'il y aura encore plus de Fripons que les années précédentes : défiez-vous par conséquent de tous Procureurs, Greffiers, Marchands, Uſuriers, & même de la plûpart de ceux qui ſe diſent vos amis.

Il y aura auſſi force Eclipſes de bon - ſens qui ſeront viſibles ſur l'un & l'autre Hémiſphere. Les plus grandes ſeront ſur l'Horiſon des Druides & des Auteurs. L'influence des premieres fera bien du mal à quantité d'honêtes gens ; mais les dernieres menacent le Public d'un ennui & d'un aſſoupiſſement qui poura bien aller juſqu'à la létargie : Ayez ſoin par conſéquent, Lecteur, de vous munir d'un bon *ſoporifuge* ; je ſouhaite que le préſent Almanach puiſſe vous en ſervir.

LE DIABLE

AU LECTEUR.

VOus serez peut-être étonné d'abord, ami Lecteur, de ne trouver ni Fêtes, ni Saints, ni Calendrier, à la tête de cet Almanach : Mais votre surprise cessera dès que vous aurez fait réflexion au titre qu'il porte. Vous sçavez que nous n'avons jamais été assez amis, ces Messieurs & moi, pour travailler à la gloire les uns des autres. J'aurois sans doute pû y supléer par un Calendrier de ma façon ; car vous n'ignorez pas, comme l'a fort bien dit un de vos Peres de l'Eglise, que le Diable a ses Martirs & ses Dévots : mais mon dessein étoit de vous présenter un Almanach & non pas une Bibliotheque ; ce qui seroit arrivé si j'eusse voulu le faire complet. J'espere que le petit échantillon que vous en trouverez dans mes Prédictions suffira pour en donner une juste idée. Vous y verrez par quel chemin je fais passer les hommes pour en faire des foux parfaits : vous y en trouverez de toute espece & de tous états. S'il

y

y en a qui vous conviennent, il ne tiendra qu'à vous de les imiter, & de groſſir un jour notre Alma-nach; c'eſt ce que nous eſperons, & dans cette vue nous vous prions d'acheter ce petit ouvrage plûtôt que plus tard.

Les Exemplaires ſeront fournis
aux Curieux.

PREDICTIONS

CARMINIFIQUES,

Dont la Clef est au Diable.

JANVIER.

I.

AU premier jour que cet an nous ramene,
Où le soleil retourne sur ses pas,
Maints Courtisans à Paris, Rome &
Vienne
Se donneront des Baisers de Judas.
Tels seront ceux d'Ulisse, Poliphême
D'Eson, Tantale, Ixion & Midas.
Plus d'un Caffart vous baisera de même,
Ami Lecteur, ne vous y fiez pas.

II.

Desesperé des rigueurs de sa Belle
Un Moine blanc croisé de rouge & bleu,

Se

Se coupera le col pour l'amour d'elle.
Si tous les Penaillons épris du même feu,
S'étoient ainsi rendu justice,
Depuis long-tems en plus d'un lieu
On ne chanteroit plus d'Office.

I I I.

Deux Marsyas déja sifflez de compagnie,
Tous deux grands racleurs be boyau*,
Feront venir du fond de la Turquie
A frais communs un Opera nouveau.
La Piece encor sera mocquée,
Et l'on n'y verra rien de beau,
Qu'une magnifique Mosquée
Qui n'empêchera point qu'elle n'aille à vau-
    l'eau.

I V.

Certain Auteur Critique aussi bon qu'on
    peut l'être, *
Sera contraint de se tenir reclus
Pour éviter la colere d'un Prêtre, **
Dont il aura relevé le Phébus;
Mais ce n'est pas encor le plus comique;
Le plaisant est que certain Magistrat
De ce Phébus Academique
Voudra faire un crime d'Etat.
Qui des deux est plus fol, du Juge ou du
    Critique?

V.

Un Chapeau verd, aussi vuide d'esprit

Et

Et de bon sens qu'en promet sa Province *,
Ira se pendre de dépit
D'avoir manqué l'instruction d'un Prince,
Pour qui de son foible cerveau
Il avoit tiré, non sans peine,
Un Catéchisme tout nouveau.
Que de gens de bon cœur lui chanteront l'An-
tienne !

V I.

Un vieux Auteur, qui presque à chaque fois
A vû sa Muse au Théatre sifflée,
Vous fera voir encor pendant ce mois
Sa méchante *Tête Pelée* *.
Ami Lecteur, si tu veux t'ennuyer
A coup sûr, tu pouras t'y rendre ;
Mais crains que le Parterre à force de bâiller,
Ne t'empêche d'y rien entendre,

FEVRIER.

V I I.

Pour avoir fait un malheureux Poupon,
Une Vestale aussi grande que belle,
Voudra déguerpir la maison,
Et quitter un état trop pénible pour elle.
Si l'on donnoit mêmes permissions
A celles qui pouroient imiter son exemple,
Pauvre Vesta ! bientôt, je t'en répons,
Tu n'aurois plus ni Prêtresses, ni Temple.

V I I I.

Le deuxiéme jour du courant,

Où les Sauteurs entrent en lices,
La troupe du sieur Becherant *
Commencera ses exercices.
Si tu veux voir & leurs sauts & leurs bonds,
Ami Lecteur, ne va pas croire
Qu'il te faille aller à la Foire,
Non, c'est aux petites maisons.

I X.

Auprès d'une Dame de marque *
Un Histrion ira joüer
Le rôle d'un Semi-Monarque,
Et celui ci pour s'en dédommager
Joûra le sien avec une fille publique.
Ami Lecteur, dis-moi sans les flater
Qui des deux est le plus Comique ?

X.

Dans une ennuïeuse Ordonnance *
Qu'un certain Nigaud lui fera,
Un gros Prélat qui vise à l'Eminence,
Tous ses Curez d'imposteurs traitera.
Plus, de faux il les taxera
Au sujet d'une signature,
Que de montrer il défiera,
Mais par malheur on la lui produira.
Qui de Nigon, ou d'eux après cela
Doit être accusé d'imposture ?

X I,

Pour avoir fait en vers miauler des matoux, *
Un bel esprit sera reçû dans un Licée,
Cet honneur, mais à tort, lui fera des jaloux ;
Sa Muse méritoit d'être recompensée,

Et

Et quel plus digne prix pour ce Maître des
    Chats,
Que de lui donner son entrée
Dans un Corps qui n'est plus qu'un mé-
    chant nid à rats.

X I I.

Plus versé dans la Poëtique,
Que dans le Digeste & Cujas,
Un jeune Magistrat * dans un Tripot Comique
Viendra manger sa Charge & ses Ducats.
Fier du succès d'une grande Elegie (a)
Que ces Déclamateuts auront seuls fait valoir,
Il viendra leur offrir encor sa Tragedie, (b)
Mais n'ayant plus de quoi payer la Compagnie,
Il ne pourra la faire recevoir.

(a) *La Tragedie de Didon.*
(b) *La Tragedie de Zoraïde.*

M A R S.

X I I I.

Dans tous les tems on a vû sur la terre
Les sots humains se battre pour des riens.
Deux grands Partis qui se disent Chrétiens,
Continueront de se faire la guerre
Pour un miserable Chiffon,
Sur qui depuis vingt ans chacun d'eux se cha-
    maille
Par Esprit de Religion;

Mais

Mais ils ont très grand tort, car ce n'eſt rien qui vaille,
Auſſi l'Ouvrage eſt-il de ma façon.

X I V.

Le dernier jour de Carnaval
Les Foux de Convulſionnaires,
Et les *Eliſiens* leurs freres *
Executeront un grand bal.
Si tu veux voir ce riſible exercice,
Ami Lecteur, prens tes précautions,
Et crains ſur tout que la Police
Ne te faſſe au retour payer les violons.

X V.

Après vingt ans & plus de procedures
Ambroiſe Guis enfin retrouvera
Ses millions qu'à force d'impoſtures
Croyoient garder les fils de Loyola. *
Envain ils ſe voudront prévaloir du ſilence
Que la Cour gardera ſur cet Arrêt rendu.
Auroient-ils oublié quand Guignard fut pendu,
Qu'on ne cria point leur ſentence.

X V I.

Deux Matadors fils d'un lubrique pere, *
Pour conſtater leur rang & leur état,
Decouvriront la honte de leur mere
En plein Palais, & feront grandéclat
Pour s'aſſûrer un droit imaginaire
Ils citeront des faits très-curieux,
Mais le plus clair dans cette grande affaire
C'eſt qu'on ne ſçait ce qu'ils ſont tous les deux.

X V I I.

Plein du Phébus qu'inventa Marivaux,
Et qu'a ſi bien critiqué Desfontaine,

Un

Un Loyola * pendant la sainte quarantaine
Débitera des sermons tout nouveaux.
La Dévote au cerveau débile
Admirera ce jargon précieux ;
Mais le Public qui sçait que ces Religieux
Veulent réformer l'Evangile,
Ne trouvera point merveilleux
Qu'en Chaire ils en changent le stile.

XVIII.

Un Amphion dont le luth ne se guinde
Que par le bruit, le fracas, les clameurs,
Fera danser quatre grands Poulets d'Inde
Au beau milieu d'un parterre de fleurs,
Puis il mettra toutes ces fleurs en danse
Aux doux accens d'un papillon chantant,
Qui reglera leurs pas & leur cadence ;
Les connoisseurs s'écrieront à l'instant,
O le beau fruit d'une verve en démence !

AVRIL.

XIX.

Pour attraper la procure de Rome,
Un Moine noir mordant comme un aspic *
Par des Ecrits dont la lecture assomme,
Continuëra d'ennuyer le Public.
Ce fameux & rare genie
Démontrera par de bonnes raisons
Que les *Convulsions* menent à la folie,
Puisque voulant aller lui-même en Italie,
Il prendra le chemin de petites maisons.

X X.

Après avoir du bruit de ses exploits
Fait retentir la terre entiere,
Un Guerrier le cinq de ce mois
Gira tristement dans la biere.
Sçais tu pourquoi la mort le range sous ses
      loix ? . . .
C'est qu'on n'en aura plus affaire.

X X I.

En plein sermon une grande Dévote
Se fâchera contre sa sœur
Pour un carreau qu'elle voudra qu'on ôte,
Et que l'autre voudra garder par point d'hon-
      neur.
Ami Lecteur, ce procedé te pique,
La Neuville sur tout prêchant l'humilité;
Mais tu n'as pas raison. Elle a bien profité
De son Sermon Academique,
Et méprise la vanité
A la façon Jesuitique.

X X I I.

Maints Chapeaux verds * croyant se faire
      craindre,
Refuseront aux langoureux
Les Sacremens, & voudront les contraindre
A rejetter des dogmes précieux. *
Que la Religion, helas ! seroit à craindre,
Si l'on n'y croyoit pas plus qu'eux.

X X I I I.

Un Ecossois fameux par son sistème *
Fit la fortune à force malotrus.
Un certain Pape avec un Décret plein d'abus,

Fit

Fit en France à peu près de même.
Demandez-le à vos Chefs fendus,
Et fur tout à l'Abbé Fontaine **
Qui feroit encore en Touraine
Sans la Bulle *Unigenitus*.

XXIV.

Sans confulter les Fils de Loyola.
Un gros Prélat Octogenaire •
Pour fon Diocéfe fera
Compofer un nouveau Breviaire :
Mais dès qu'au jour il paroîtra,
Ils en interdiront l'ufage.
Ami Lecteur, fçais-tu pourquoi cela ?
C'eft que la Bible & fon facré langage
Ne quadrent pas avec celui de Molina.

MAY.

XXV.

Certain Doyen venu de Killerine
Pour faire fortune à Paris,
Sera contraint, par la mauvaife mine
Qu'on lui fera, de regagner païs.
Content de fon premier naufrage,
Plus ne fera tenté d'y revenir.
Pauvre Ecrivain ! * que vas-tu devenir ?
C'eft fait de toi... mais non, chante vic-
    toire,
Biffy m'enjoint de te faire venir
Inceffamment, pour lui finir

D'Unigenit la véridique histoire.

XXVI.

Certain Auteur, qui vous endormit tous,
En réveillant *Epimenide*, *
Sur le Théatre encor paroîtra devant vous,
Et vous dira qu'il prend l'*Amour* pour guide:
Mais n'allez pas, Lecteur, vous y fier,
C'est une *ruse* aux Auteurs ordinaire.
Aussi vous fera-t'il bailler
Comme il a fait à la premiere.

XXVII.

Pour s'emparer d'une justice
Les Compagnons soi disans de *Jésus*
Condamneront deux freres au suplice,
Qui sans délit tous deux seront pendus.
En vain Boüillon par une ample sentence
Croira vanger ses droits & l'innocence;
Ils s'en riront, & c'est avec sujet;
Oglebi, Morao, Guignard, le Hay, Garnet, (a)
Leur ont sans doute acquis des droits sur la
    Potence.

(a) *Tous ces Jesuites ont été supliciez pour
leurs crimes.*

XXVIII.

* Un excellent & sage Auteur
Fera venir de Salamanque
Un Bachelier qui par malheur
Ne verra pas grossir sa banque.
En sçais-tu la raison, Lecteur?
C'est que la jeunesse lui manque.

XXIX.

Après vingt ans d'un exil trop severe

Caylus * à Paris reviendra
Pour terminer une importante affaire.
De ce retour le Public conclura
Qu'il vient donner la paix à votre sainte
    Mere.
On aura tort ; s'il venoit pour cela,
Il faudroit pour préliminaire
Exterminer les Fils de Loyola.

XXX.

Un Nouveau Pan dont la verve féconde
Fit raisonner fifres, flûtes, hautbois,
Au Dieu d'Amour fera faire sa ronde,
Et parcourir les Cours, les villes & les Bois ; *
Mais sa musique de village
A la Ville fera siffler ce Dieu charmant.
C'étoit bien la peine vraiment
De lui faire à ce prix faire un si sot voyage.

JUIN.

XXXI.

Certain Abbé vrai supôt de Satan *
Pour composer une Piece cinique,
Ramassera dans un Boucan
Ce que Venus a de plus impudique.
De ses horreurs le Public révolté
Demandera qu'on en fasse justice,
Aussi le Sire épouvanté
Livrera-t'il son ouvrage au suplice
Que sans doute lui-même il n'eût pas évité,
Si la Fare n'avoit arrêté la Police.

B ʃ   XXXII.

XXXII.

Un certain Comte au surnom infernal *
Bien different de mœurs & de conduite,
Sera reclus dans un Château Royal
Qui sert aux criminels de gîte. (a)
Sçais-tu d'où vient on l'y renfermera ?
C'est qu'on l'aura trouvé dans une Imprimerie
Travaillant à l'Apologie
D'un homme qu'a proscrit l'Ordre de Loyola.

(a) *La Baſtille.*

XXXIII.

Eſt-ce un Temple ? eſt-ce une Moſquée ?
Eſt-ce *Scanderbeg ?* eſt-ce un Dieu
Qui fait aujourd'hui son entrée
Dans le Palais de Richelieu ? *
Lecteur, dis moi, je t'en ſuplie,
D'où vient cette pompe en ce lieu ?...
C'est que l'on y réconcilie (b)
Une Academie avec Dieu.

(b) *L'Opera ou l'Academie Royale de Muſique.*

XXXIV.

Certain Baron ſorti de Weſtphalie,
Après avoir langui dans les fers à *Tunis,*
Viendra vanger un peuple d'Italie,
Qui lui décernera la Couronne à ce prix. *
Genois à ce revers vous devez reconnoître
Que le Ciel vous punit de votre dureté.
Si ſa juſtice avoit toûjours ainſi traité
Les Souverains qui vous ont imité,
L'Europe auroit changé ſouvent de Maitre.

XXXV.

XXXV.

Dans un miserable Libelle |
Que Themis au feu jettera,
Ignace & sa fiere sequelle
Contre DU LUC s'emportera. *
Ami Lecteur, sçais-tu ce qui mettra
Ces Penaillons en si grande colere;
C'est que DU LUC à lui même contraire,
Par miracle, refusera
D'inserer dans son Breviaire
La Doctrine de Molina.

XXXVI.

Un Aristarque * échapé de Venise
Incognito se rendra dans Paris
Pour y prêcher Moines & gens d'Eglise
Qui se riront de ses avis.
En vain par ses allégories
Il prétendra les corriger ;
Ils font trop sots pour goûter ses saillies,
Et trop endurcis pour changer.

JUILLET.

XXXVII.

Pour remplacer un sçavant Maltôtief,
L'Academie & sa docte sequelle
Adoptera le Poëte Nivelle,
Dont le talent fut toûjours d'ennuyer.
Ce digne choix fera beaucoup crier
Les gens d'esprit ; mais ce sont bagatelles,
Ils font très bien de se l'associer.

Car

Car ils font tous de vrais Jeans-de-Nivelles.

XXXVIII.

Un Chapeau vert très dévot à Venus.
Dont il porte encor le Rofaire,
Voudra fe féparer de Colbert fon Confrere
Et tous les Oppofans à l'*Unigenitus*. *
Ce trait de fou, Lecteur, te fcandalife,
Mais c'eft à tort, car ce facré Paillard,
S'il ne fait pas au plûtôt bande à part
Infectera toute l'Eglife.

XXXIX.

Certain Poëte ami de Melpomene,
Qui maintes fois fit pleurer tout Paris,
Viendra donner une comique fcene,
Qui du Public excitera les ris.
Sçais-tu, Lecteur, d'où vient la difference
Des deux Pieces de cet Auteur?
C'eft que dans l'une il va tout droit au cœur,
Et charme par fon éloquence.
L'autre au rebours eft une extravagance
Dont lui-même il fera le fujet & l'Acteur.

X L.

Pour s'illuftrer & gagner Paradis,
Certain pauvre Millionaire *
Voudra fonder un Seminaire
Où les vieux Avocats & Prêtres décrepits
Trouveront tout leur néceffaire.
Cette belle fondation,
Ami Lecteur, te charme par avance;
Mais tout beau; l'exécution
N'en eft pas fi fûre qu'on penfe...
D'où vient?.... C'eft pour tout fonds qu'il
lais-

laiße un million
Que lui doit le Clergé de France.

X L I.

Certain Auteur * craignant l'apoplexie
Dont il eſt attaqué ſouvent,
Sur le Théatre de Thalie
Incognito fera ſon teſtament.
Cette précaution, quoique très raiſonnable,
N'avancera pas fort l'Auteur;
En ſçais-tu la raiſon, Lecteur?
C'eſt que ſon Legs ne vaudra pas le Diable.

X L I I.

Grace aux attraits dont Venus l'a pourvûë,
Certaine Actrice aux yeux vifs & brillans,
Au Théatre ſera reçûë,
Quoiqu'elle n'ait que de foibles talens.
Que ce lardon, Conelle, ne t'aigriſſe,
Tes yeux t'ont fait nombre d'Adorateurs;
Mais je prétens qu'à force d'exercice
Tu les faſſes tous fondre en pleurs.

A O U S T.

X L I I I,

Plus rechignée qu'une vieille poupée
Un Eſope Pontifical, *
Pour rajuſter ſa fortune éclopée,
Voudra ſaiſir les biens d'un Hôpital;
Mais par un coup à ſes deſſeins fatal,
Les ſiens l'empêcheront de s'en rendre le
    maître,

Et

Et lui diront que quand on a fon mal,
On eft reçû *gratis* au Château de Bic....

XLIV.

Certains Caffards mafqués du Janfénifme,
Mais francs vauriens (comme dans ce Parti
Il en eft moult) par force cagotifme
Débaucheront fille & femmes auffi,
Ces Singes du Docteur d'Hippone,
Qu'ils citent avec tant d'éclat,
Quand fur la Bulle on les talonne,
Diront pour excufer leur énorme attentat.
Qu'ils fuivent en ce point l'exemple qu'il
    leur donne,
Et veulent comme lui faire un *Adeodat*.

XLV.

Un Matador fort connu dans Paris,
Fera chez lui grande rejoüiffance
Pour célebrer la naiffance d'un fils
Dont fon aimable Epoufe enrichira la France   *
Ah ! fi tous les maris qu'on traite d'impuiffans,
Avoient, ainfi que lui, fi charmante Princeffe,
Bientôt l'amour ranimant leur foibleffe,
Feroit taire les médifans.

XLVI.

Un Papelard expert dans la Maçonnerie,
Et connu par l'impôt qu'il tire tous les mois, *
Proménera la vieille argenterie
De fon quartier, dont le rufé matois
Aura fait une image à fon peuple bien chere.
Les indévots fe mocqueront de lui ;
Mais c'eft à tort ; car l'argent aujourd'hui
Eft le feul Dieu que le monde révere.

XLVII.

XLVII.

Quand au mois d'Août on verra Pharamond
Pour la premiere fois paroître sur la Scene,
Chacun s'étonnera de voir que Melpomene
Débute en pareille saison ;
Mais ce début qui paroît ridicule,
Ne l'est pas tant qu'on pourroit le penser.
L'Auteur est très prudent ; car craignant de glacer.
Son Auditoire, & s'en faisant scrupule,
Il fera tout exprès placer
Sa Piece dans la Canicule.

SEPTEMBRE.

XLVIII.

Certain Marquis aussi fat que lubrique,
Des Messalines de son tems
Dans un Livre moitié cynique
Décrira les débordemens.
Formé dans un tripot Comique,
Nul ne s'étonnera de lui voir peu de mœurs ;
Mais sa scandaleuse cronique
Devoit du moins respecter ses Lecteurs.

XLIX.

Quand on verra les *Romans* sur la Scene
Au Théatre de l'Opera,
Le Public curieux en foule s'y rendra
Esperant que *Niel* le paîra de sa peine ;
Mais il aura tort de compter sur lui,
Tout Paris sçait qu'il n'est capable

Que

Que d'endormir, ou caufer de l'ennui;
Auffi fon Opera ne vaudra pas le Diable,
Comme les Romans d'aujourd'hui.

L.

Pour difcourir d'affaires d'importance
Un Ordre moitié Moine & moitié féculier
S'affemblera des deux bouts de la France,
Et déliberera pendant un mois entier. *
Ami Lecteur, tu vas te figurer
Que la Religion affemble ces Eunuques,
Et que fur quelque Dogme ils vont déliberer;
Point du tout; c'eft pour déclarer
L'horreur qu'ils ont pour les perruques.

L I.

Un infortuné fagoteur
De Bibliotheque Gauloife,
Mauvais Libraire & pire Auteur *
A maints honnêtes gens voudra fufciter noife;
Diftilera fon froid poifon,
Comme fit autrefois Ariftarque Maffon.
Ah pour enluminer ce fameux V.. * *
Que ne fe trouve-t-il un nouveau Matanafe!

L I I.

Un Savetier des plus ftupides *
Proximis Remigialibus
Continûra fes leçons aux Druides
Sur la Bulle *Unigenitus.*
Succeffeur du grand Alexandre (*a*)
Ils lui feront penfion comme à lui,
Et tous les fots iront l'entendre
Comme ils faifoient l'ennuyeux *Romigni.*

L I I I.

(o) *Celebre Dominicain.*

L I I I.

Pour éprouver un fiftème nouveau
Qu'a produit depuis peu l'orgueil & l'igno-
rance,
Deux Galiens prendront le plus pur fang de
France,
Et pour effai mettront les deux fœurs au tom-
beau. *
La perte de ce couple aimable
Fera bien murmurer des gens qui par dépit.
Donneront ces boureaux au Diable ;
Mais quoique leur douleur foit jufte & rai-
fonnable,
Je n'accomplirai point ce fouhait charitable,
Ce ne feroit pas mon profit.

OCTOBRE.

L I V.

Certain Abbé * croyant à l'Evangile
A peu près comme à l'Alcoran,
Un beau matin de Paris fera gile
Pour aller prendre le Turban.
Si l'on envoyoit à *Byfance*
Tous ceux qui penfent comme lui,
Il y faudroit envoyer aujourd'hui
Un bon tiers du Clergé de France.

L V.

Certaine fille auffi grande que belle
Après avoir fait un enfant,

C   Se

Se fera paſſer pour pucelle,
Et deviendra l'épouſe d'un Traitant. *
Si les maris à qui même avanture
Eſt arrivée, alloient ſe pendre tous,
Ami Lecteur, dans cete conjoncture
N'auriez-vous rien à redouter pour vous?

L V I.

Eſt-ce folie, eſt-ce zele ſincere,
Janſon, qui te fait refuſer *
Les Sacremens que ton Confrere * *
Demande avant d'agoniſer?
Ne crois pas ſur ce point que le Public varie;
A ces procedez fous chacun te reconnoît;
Mais tu devois ſonger que pour un pareil trait
La Cour te relegua n'aguere en Picardie.

L V I I.

Quand on verra chanter à l'Opera
Les Salamandres, les Sylphides,
Les Ondains avec les Gnomides; *
Avec raiſon un chacun trouvera
La Piece des plus inſipides.
Ami Lecteur, ne ſoyez point ſurpris
De voir ſiffler ce Ballet ridicule.
Le Poëme eſt de l'Auteur de *Biblis*,
Et la Muſique eſt de la *Bulle*.

L V I I I.

Certain *Payſan Parvenu*
Avec *Jeannette* ſa Comere,
Iront chez Margot l'Epiciere
Envelopper du poivre & du beure fondu.
N'en déplaiſe à Meſſieurs leurs Peres,
Ce châtiment à leur plume eſt bien dû
Pour avoir ennuyé les Lecteurs débonnaires,

Affez oififs pour les avoir tous lû.

L I X.

Un partifan du Janfenifme,
Que le grand Cofbert enrichit
Par fon excellent Catéchifme, *
Sortira des prifons où Cofte l'a conduit,
Si l'on avoit fait à ce Fanatique
Le traitement qu'il a bien mérité,
Aux petites maifons Themis l'auroit gîté
Avec tous les fous de fa clique.

NOVEMBRE.

L X.

Pour tous les Décroteurs du Quartier faint
    Benoît
Certain Beat * fondera des Retraites
Et des Inftructions, lefquelles feront faites
Par les plus fameux Hibernois.
Ami Lecteur, ce beau projet t'étonne,
Et tu voudrois fçavoir quel en fera le fruit,
C'eft de relever la Sorbonne
Qui de jour en jour s'avilit.

L X I.

Eft-ce fcrupule, impuiffance, ou bêtife
Qui vous fait refufer ainfi
L'honneur que vous fait la Marquife
De vous choifir, Damis, pour coëffer fon
    mari.
Vous dites pour vous en défendre,
Que vous apréhendez d'offenfer cet époux.

Allez, ne craignez rien, vous ne ferez que
    rendre
Ce qu'il a cent fois fait pour vous.

L X I I.

Un Rossignol dont le divin ramage
A mille fois charmé tout Paris & la Cour,
Après deux ans sortira de sa cage,
Et reviendra chanter les douceurs de l'amour,
Ses chants harmonieux & ses talens célebres
Charmeront encor tous les cœurs,
Et lui feront plus venir d'Auditeurs,
Qu'il n'en avoit fait courir aux *Ténebres*.

L X I I I.

Après avoir pendant dix lustres
Vêcu dans un état aussi vil qu'incertain,
Une fille des plus illustres
Sera dans tous ses droits remise un beau matin;
Mais ce n'est pas dans cette affaire
Ce qu'on verra de plus plaisant.
Le plus comique est que sa mere
Aimera mieux s'avoüer adultere,
Que de reconnoitre son sang.

L X I V.

Pour fuir un mari primitif,
Et vivre comme a fait sa mere,
La fille adoptive d'un Juif
Ira courir avec un Lord millionaire.
Un procedé si lubrique & si noir,
Lecteur, te surprend & te passe;
C'est à tort; car tu dois sçavoir
Que les bons chiens chassent toûjours de
    race.

D E

DECEMBRE.

LXV.

Certain Censeur qui s'est fait une gloire
De tourmenter tous les pieux Auteurs,
Verra tranquilement courir une Ecumoire
Et cent autres Livrets qui corompent les
    mœurs.
Sçais-tu, Lecteur, d'où vient la différence
Des procedez de cet homme de bien ?
C'est que les uns augmentent sa finance,
Et que ceux-ci ne lui produiroient rien.

LXVI.

Jadis chez l'aimable Thalie
On cherchoit à vous égayer,
Mais telle est des Auteurs aujourd'hui la folie,
Qu'au lieu de faire rire ils vous font larmoyer.
Or le Public qui se sent affliger,
Donne au Diable leurs Comedies ;
Aussi pour s'en dedommager
Il va rire à leurs Tragedies.

LXVII.

Deux grands Rimeurs, l'un jeune, l'autre
    vieux,
Très jaloux de leur renommée,
Se lâcheront cent traits injurieux,
Et se disputeront une once de fumée ;
Mais le plus comique de tous,
C'est qu'en se déchirant tous deux comme
    deux Diables,

C 3

Tous

Tous deux fe donneront pour gens très cha.
   .ritables ,
Fût-il jamais de plus grands foux ?

LXVII.

Un pauvre Diable en fon cinquiéme étage *
Tout en riant donnera maints Pafquins
A force fots qui font grand étalage
De leur richeffe & leurs vieux parchemins.
Ami Lecteur, que ceci ne te fâche ;
Les vices feuls feront l'objet
De fa critique. Or pour l'éviter tâche
De n'y point donner de fujet.

Fin des Prédictions Carminifiques
& récréatives.

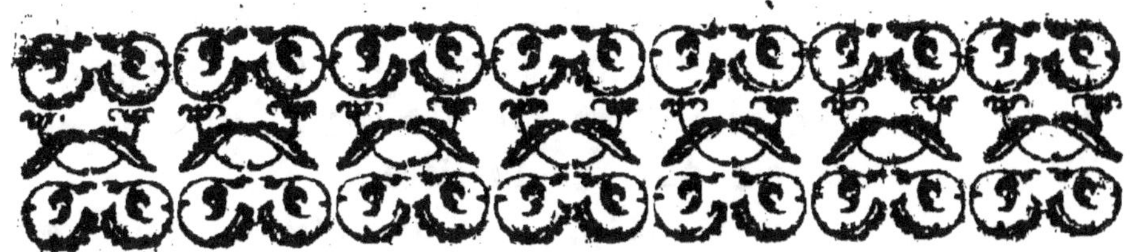

POSTFACE.

Voilà, mon cher Lecteur, les sornettes & les balivernes dont j'ai voulu vous amuser au commencement de cette année. Je vous crois trop charitable & trop judicieux pour y donner la moindre croyance. Si vous y avez trouvé quelque esprit, à la bonne heure. Pour de la vérité, je n'en dis pas de même. Vous sçavez que ces deux qualitez vont souvent l'une sans l'autre, & qu'il est même assez ordinaire à ce qu'on appelle, Beaux Esprits, d'être faux. J'avoûrai même que ça toûjours été mon vice dominant, vice qui m'a fait nommer comme par excellence, *le pere du mensonge.*

Au reste si mon témoignage ne suffit pas pour vous desabuser sur l'article des Prédictions précedentes, je m'en raporte moi-même au vôtre. Souvenez-vous du jugement que vous avez coutume de porter de ceux qui ont l'habitude de vous en imposer. *Il ment, dites-vous, comme le Diable. Tout ce qu'il dit est faux comme le Diable. Ergo* de votre propre aveu, il n'y a pas de plus grand menteur que

que moi, ni rien de plus faux que ce que je dis. Concluez de là que les Prédictions que vous venez de lire, ne font que des fictions, & les amufemens d'un Diable oifif qui a voulu vous divertir par fes faillies.

Peut-être m'objecterez-vous encor que je mens en vous parlant de la forte ; je vous jure par mes cornes, & s'il le faut, par les vôtres, qu'il n'en eft rien. Après tout fi vous ne voulez pas m'en croire fur ma parole & fur mes fermens, à vous très permis. Je n'irai pas m'en pendre. J'ai fait l'acquit de ma confcience , & n'aurai par conféquent rien à me reprocher. Si vous n'en faites pas autant de votre côté, c'eft que peut-être vous êtes plus Diable que moi : en ce cas, au revoir,

ERRATA.

PAg. 15. *Au premier jour que cet an, &c.* effacez ces huit Vers & tous ceux qui suivent, jusqu'à ces mots de la page 46. *Voila, mon cher Lecteur, les sornettes & les balivernes.* C'est une méprise des plus grossieres de notre Imprimeur, qui ne sçachant pas trop bien lire, a pris justement le contrepied de ce qui étoit dans le Manuscrit. Etonné d'une pareille bévuë, vous me direz sans doute que je devois mieux choisir ; mais qui n'y auroit pas été trompé comme moi ? Il s'est dit Membre d'une des plus celebres Universitez du monde. N'auriez-vous pas vous même donné dans le panneau ? J'y prendrai garde une autre fois, & ne me laisserai plus ebloüir par un grand nom qui n'a plus rien aujourd'hui de sa premiere splendeur.

VALETE ET BIBITE.

C'est ainsi qu'en riant je corrige les mœurs.